El mastodonte americano

Julie Murray

Abdo Kids Jumbo es una subdivisión de Abdo Kids
abdobooks.com

abdobooks.com

Published by Abdo Kids, a division of ABDO, P.O. Box 398166, Minneapolis, Minnesota 55439.

Printed in China

102025

012026

THIS BOOK CONTAINS RECYCLED MATERIALS

Spanish Translator: Maria Puchol

Photo Credits: Alamy, National Park Service, Science Source, Shutterstock, ©Barry Roal Carlsen p.17 ©Dantheman9758 p.cover / CC BY-SA 3.0, ©James St. John p.1 / CC BY 2.0, ©Roman Uchytel p.13

Production Contributors: Teddy Borth, Jennie Forsberg, Grace Hansen
Design Contributors: Candice Keimig, Pakou Moua

Library of Congress Control Number: 2025942208

Publisher's Cataloging-in-Publication Data

Names: Murray, Julie, author.

Title: El mastodonte americano/ by Julie Murray

Other title: American mastodon. Spanish

Description: Minneapolis, Minnesota: Abdo Kids, 2026. | Series: Animales de la Edad de Hielo | Includes online resources and index.

Identifiers: ISBN 9798384908906 (lib.bdg.) | ISBN 9798384909484 (ebook)

Subjects: LCSH: Animals--Juvenile literature. | Extinct animals--Juvenile literature. | Ice Age--Juvenile literature. | Paleontology--Juvenile literature. | Zoology--Juvenile literature. | Spanish Language Materials--Juvenile literature.

Classification: DDC 569--dc23

Contenido

La Edad de Hielo

Una glaciación o edad de hielo es un periodo en el que la mayor parte de la Tierra está cubierta por capas de hielo. La última comenzó hace 100,000 años y duró hasta hace 12,000 años. Algunos animales **se extinguieron** durante esta época de la historia.

hielo
tierra

El mastodonte americano

El mastodonte americano fue un animal parecido al elefante. Vivió por toda Norte América, en sus bosques y humedales.

¡Era un animal grande! Medía de siete a 10 pies de alto (de 2.1 a 3 m). Pesaba entre 8,000 y 12,000 libras (entre 3,629 y 5,443 kg). Los machos eran más grandes que las hembras.

El mastodonte americano tenía la cabeza abovedada y las orejas pequeñas. Su trompa era larga y flexible. Las patas gruesas y su musculoso cuerpo lo convertían en un animal **corpulento**.

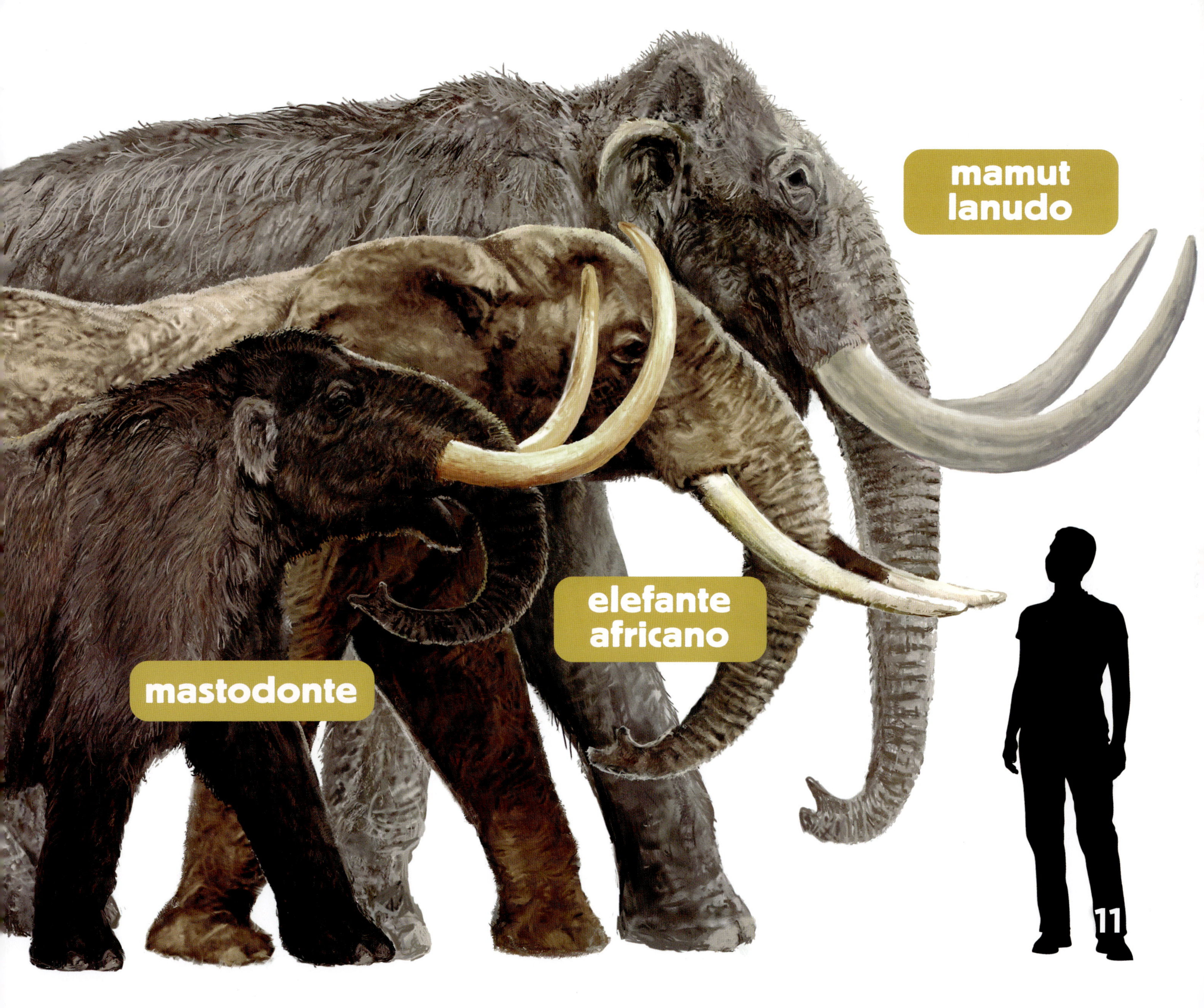
mamut
lanudo
elefante
africano
mastodonte

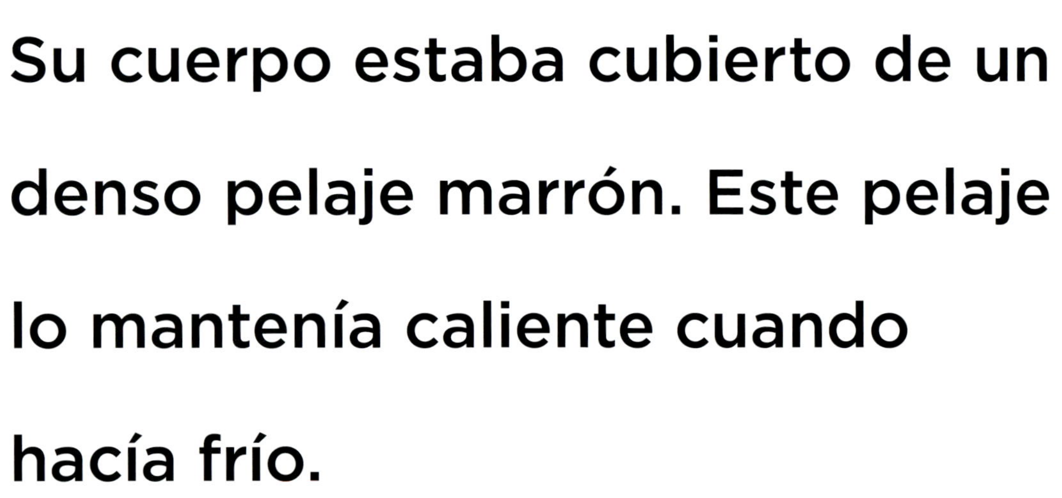

Su cuerpo estaba cubierto de un denso pelaje marrón. Este pelaje lo mantenía caliente cuando hacía frío.

El mastodonte americano tenía colmillos largos. Los colmillos tenían una ligera curva. Podían llegar a medir más de 15 pies (4.8 m) de largo. El mastodonte utilizaba sus colmillos para romper ramas.

mastodon

Alimentación

El mastodonte americano era herbívoro. Le gustaba comer hojas y ramitas. También comía ramas y agujas de pino.

El mastodonte tenía una dentadura **especial**. Los **molares** tenían forma de cono. Eran perfectos para comer hojas, ramitas y vegetación más pequeña.

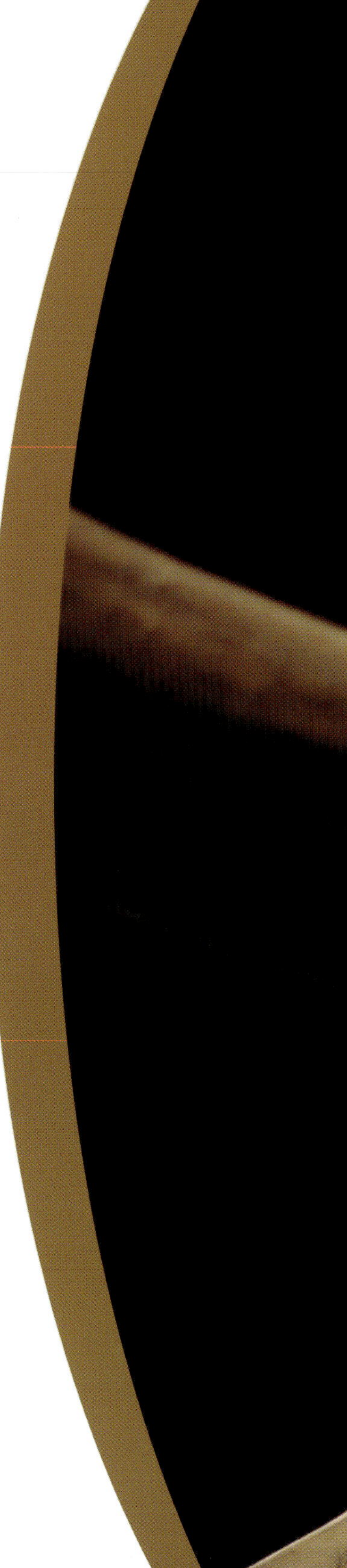

Extinción

El mastodonte americano **se extinguió** hace aproximadamente 13,000 años. El **cambio climático** fue la principal causa. Los humanos también influyeron. Lo cazaban para alimentarse y hacer ropa, herramientas y armas.

Más datos

- Los primeros **fósiles** de mastodonte americano se encontraron en 1705. Los fósiles se descubrieron en el valle del río Hudson, en Nueva York.
- El mastodonte americano caminaba de puntillas como los elefantes modernos.
- Vivía en un grupo formado por hembras y sus crías. A sus 10 años los machos abandonaban el grupo para vivir por su cuenta.
- Algunos creen que las enfermedades humanas contribuyeron a su **extinción**. Muchos fósiles encontrados han mostrado la presencia de **tuberculosis**.

Glosario

cambio climático - cambio en los patrones climáticos globales y regionales.

corpulento - grueso, robusto y a menudo corto.

especial - diferente al resto.

extinción - que ya no existe.

fósil - restos de un ser vivo de hace mucho tiempo, puede ser una huella o un esqueleto.

molar - diente grande situado en la parte posterior de la boca, con una amplia superficie de mordida que sirve para triturar los alimentos.

tuberculosis - enfermedad grave que se transmite por el aire. Normalmente afecta a los pulmones.

Índice

¡Visita nuestra página **abdokids.com** para tener acceso a juegos, manualidades, videos y mucho más!

Los recursos de internet están en inglés.